LES

CONFÉRENCES

DE HAGUENAU

— 1815 —

PAR

ARTHUR BENOIT

(Extrait de la *Revue d'Alsace*)

MULHOUSE

IMPRIMERIE DE VEUVE BADER & Cie

1873

LES
CONFÉRENCES DE HAGUENAU

1815

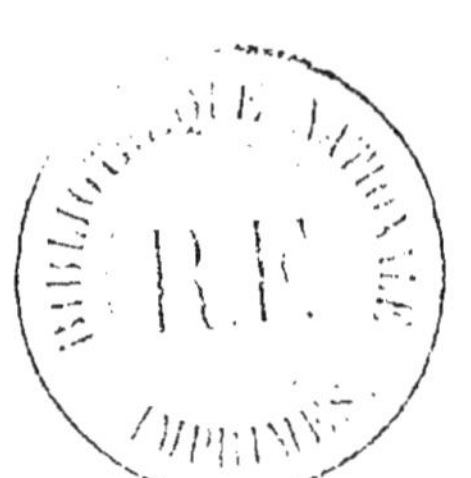

Après le désastre de Waterloo, Napoléon revint à Paris. Son arrivée aurait encore pu exciter l'enthousiasme populaire et créer de nouveaux défenseurs à la patrie. Lui seul était capable de rallier les soldats. La Chambre des représentants ne comprit ou ne voulut pas comprendre le rôle qu'il lui fallait jouer pour résister à l'étranger. Au lieu d'appuyer le souverain tombé, elle manifesta contre lui les sentiments les plus hostiles. Elle se déclara en permanence comme avait fait autrefois la Convention nationale, et ainsi que cette assemblée, qui ôta le trône à Louis XVI, elle obligea l'empereur à déposer la couronne.[1]

En obligeant Napoléon à dépouiller, le 22 juin, le caractère impérial, on n'avait pu lui enlever les talents militaires qui avaient fait la gloire du général Bonaparte. Mais les hommes qui s'étaient ligués contre lui, ne permirent pas que sa main ressaisît l'épée du commandement. On le força de quitter Paris.

Le principal meneur contre le souverain déchu était un de ses anciens ministres, l'ex-oratorien Fouché. Il était parvenu

---

[1] *Moniteur officiel, Journal des Débats.* — MICHAUD, *Biographie des hommes vivants,* 1816. — A. HUGO, *France militaire.* — BAQUOL-RISTELHUBER. — *Journal de la Meurthe.*

à établir dans la Chambre des représentants le foyer d'une opposition la plus vive. Immédiatement après le retour de Napoléon à Paris, il lui donna l'avis secret d'abdiquer, lui faisant entendre que les députés voulaient voter la déchéance. D'un autre côté, il engageait ceux-ci à se conduire avec une inexorable fermeté.

Ecartant avec la même adresse le système de la Régence et le rétablissement des Bourbons, il se fit porter à la tête du Gouvernement provisoire, et devint pour un moment le maître des destinées de la France. Se berçant de l'espoir qu'il obtiendrait des puissances alliées un souverain à son choix, et se fiant à une réponse faite par le prince de Metternich à lord Castelreagt [1], qui demandait l'interprétation de l'article 8 du traité du 25 mars précédent, entre les souverains contre Napoléon nouvellement rentré en France, il décida ses collègues du gouvernement, Caulaincourt, Carnot, Grenier et Quinette, qui se firent jouer par lui, à envoyer des plénipotentiaires pour entamer des négociations. En même temps, il envoyait au général Wellington des agents secrets.

Le même jour que Napoléon abdiquait, le général Grenier annonçait, au nom de la Commission chargée de se concerter avec la Chambre des pairs pour arrêter les mesures de salut public qu'exigeaient les circonstances, que la majorité de ces deux comités réunis aux ministres avait pensé qu'une Commission des deux Chambres devait négocier directement avec les puissances alliées, et que les bases de cette négociation seraient l'intégrité du territoire, l'indépendance nationale et le droit qu'a tout peuple de se donner des institutions. Telle

---

[1] Quoique résolu à diriger tous ses efforts contre Napoléon, disait le ministre autrichien, et à agir avec ses alliés dans le concert le plus parfait, « l'empereur mon maître n'en est pas moins convaincu, par ses propres principes, que ses devoirs envers ses sujets ne lui permettaient pas de poursuivre la guerre pour imposer à la France un gouvernement quelconque. »

était aussi l'opinion de Napoléon, ajoutait le général, qui dans sa loyauté ne pouvait pas s'empêcher de faire observer « qu'il est à présumer que les puissances renverront la députation sans l'écouter. » On ne pouvait prédire avec plus de justesse ce qui allait arriver.

Quoi qu'il en soit, la Commission du gouvernement nomma, le 24 juin, comme commissaires plénipotentiaires près les hautes puissances alliées, une Commission de six membres dont voici les noms :

Le comte de la Forest, ancien ambassadeur, député du département du Loir-et-Cher ;
Le comte de Doulcet de Pontécoulant, pair de France ;
Le général de La Fayette, député de Seine-et-Marne ;
Le général Sébastiani, député de l'Aisne ;
Benjamin Constant, conseiller d'Etat ;
De Voyer d'Argenson, député du Haut-Rhin.[1]

Ils partirent le lendemain de Paris. M. de Pontécoulant, seul de ses collègues, demanda à la Chambre haute un congé formel. Le comte d'Arjuzon et M. Dedelier d'Agier saisirent cette occasion pour rendre un témoignage honorable à sa conduite dans l'Assemblée. La Chambre des pairs se contenta néanmoins de lui donner acte de la déclaration, jugeant un congé inutile.

---

[1] Grand propriétaire dans le département du Haut-Rhin ; il fut réélu au mois d'août 1815 député de ce département. Le 13 octobre il fut frappé d'un rappel à l'ordre pour avoir parlé trop vivement de la loi sur les mesures de sûreté générale ; il appartint toujours à l'opposition libérale. Ses *Opinions et discours* ont été imprimés en deux volumes. Il avait épousé Mme de Rosen, veuve du prince de Broglie.

La biographie des autres plénipotentiaires se trouve partout, même dans la *Galerie des Pritchardistes* par le *National*. (ARMAND MARRAST.)

Benjamin Constant fut nommé député du Bas-Rhin en 1827. Le banquet qu'on lui offrit le 2 octobre 1827 donna occasion à un saucissier de Strasbourg d'écrire une lettre au préfet Esmangart. Elle a été imprimée à Paris.

Après bien de la peine, les négociateurs parvinrent au quartier général de Wellington et de Blücher, qui, d'après leurs vœux, leur délivrèrent un sauf-conduit pour aller trouver les souverains alliés qui devaient pénétrer en France par le Palatinat.

Cette concession des deux généraux ennemis fut annoncée aux Chambres par le message suivant :

Monsieur le Président,

J'ai l'honneur de vous transmettre le bulletin de la situation d'aujourd'hui. Je vous annonce en même temps, Monsieur le président, que les plénipotentiaires ont reçu des passeports pour se rendre au quartier général des armées alliées. Ils sont partis de Laon, hier, 26, au soir.

Agréez, etc.

Le président de la Commission du gouvernement,

Fouché.

Les commissaires, accompagnés d'un aide-de-camp de Blücher, se mirent de suite en route. Déjà les éclaireurs ennemis se montraient. « La nuit, la voix de ces hommes du Nord troublaient leur sommeil. » Ils étaient obligés de faire de longs détours, à cause des places fortes dont aucune heureusement n'était rendue. Sur toute la route régnait la plus grande exaspération contre les alliés, et le colonel Brice, à la tête de ses partisans, inspirait en Lorraine la plus vive crainte aux soldats ennemis. Dès le 26 juin, l'avant-garde bavaroise avait paru devant Nancy, et l'armée autrichienne devait bientôt suivre.

Ils arrivèrent enfin le 30 juin au terme de leur voyage dans la ville de Haguenau, où venaient d'entrer les empereurs d'Autriche, de Russie et le roi de Prusse, venant de Wissembourg, et suivis de toutes les chancelleries attachées à l'ancien Congrès de Vienne. Sur leur désir de faire connaître la véritable situation des choses à Paris, ils furent renvoyés à une commission spéciale composée : pour l'Autriche, du feldmaréchal comte de Walmoden-Gimborn ; du comte

Capo d'Istria pour la Russie, et du général Knesebeck pour la Prusse.

L'ambassadeur de la Grande-Bretagne, lord Stewart, quoique non pourvu d'une autorisation nécessaire par son gouvernement, fut également invité par les Cabinets réunis à assister aux conférences, si on jugeait à propos d'en faire ; car l'arrivée à Haguenau des envoyés de Fouché prouvait malheureusement que les personnes qui tenaient momentanément le pouvoir en France, regardaient leur cause comme perdue, et imploraient, en demandant un armistice, la générosité des vainqueurs pour épargner à leur pays les maux dont il était encore une fois menacé.

Les conférences entre les divers plénipotentiaires ne furent pas de longue durée ; ceux de France étaient congédiés le lendemain de leur arrivée, avec la note suivante :

Haguenau, 1ᵉʳ juillet, 9 heures du matin.

D'après les stipulations du traité d'alliance, qui porte qu'aucune des parties contractantes ne pourra traiter de paix ou d'armistice que d'un commun consentement, les trois Cours qui se trouvent réunies, déclarent ne pouvoir entrer dans aucune négociation ; les Cabinets se réuniront aussitôt qu'il sera possible.

Les trois puissances regardent comme condition essentielle de la paix et d'une véritable tranquillité, que Napoléon Buonaparte soit hors d'état de troubler dans l'avenir le repos de la France et de l'Europe, et, d'après les événements survenus au mois de mars dernier, les puissances doivent exiger que sa personne soit remise à leur garde.

Signé : WALMODEN. CAPO D'ISTRIA. KNESEBECK.[1]

On sut vaguement en ville la non-réussite de leurs négociations. Tout ce qu'on pouvait assurer, était qu'une des conditions essentielles de la paix était la remise de Napoléon entre les mains des alliés.

[1] Communiquée aux journaux de Vienne par une lettre datée du 2 juillet, de Sarrebourg, où était le quartier général impérial et royal, venant de Saverne.

Pendant que la Commission du gouvernement essuyait cet échec à Haguenan, d'autres négociations aussi malheureuses étaient engagées avec les généraux Wellington et Blücher. Cela n'empêchait pas que, dès le 4 juillet, le député de la Corrèze, Bedoch, ne voulût la communication de la correspondance des négociateurs avec ces généraux. Quant aux plénipotentiaires de Haguenau, le colonel Bory-Saint-Vincent, député du Lot-et-Garonne, annonça, dans la séance de nuit du lendemain, leur retour au palais des Tuileries, siége du gouvernement.

A la reprise de la séance, Bedoch annonça qu'il avait été avec son collègue Clément (de la Nièvre) aux Tuileries. Ils n'y avaient vu que M. de Pontécoulant, qui leur avait assuré que les souverains, et particulièrement l'empereur Alexandre, montraient des intentions favorables ; qu'il avait lui-même entendu dire souvent et répéter que l'intention des alliés n'était point de gêner la France dans le choix d'un gouvernement. Il alla même jusqu'à dire que des bataillons prussiens protégeraient la représentation nationale, et que Fouché, président de la Commission du gouvernement, allait avoir une entrevue avec le général Wellington.

Sur cette déclaration rassurante, la séance fut levée.

Il y avait cependant peu de chose de vrai dans ce discours. M. de Pontécoulant était trop prudent, et il avait été trop affecté de la manière cavalière dont lui et ses collègues avaient été renvoyés de Haguenau, pour exagérer le résultat de leur mission. Il n'avait pas parlé à Bedoch ; il s'était expliqué très vaguement sur son voyage avec le député Clément ; celui-ci avait transmis cette conversation à Bedoch, qui l'avait arrangée ensuite à sa manière.

Mais le récit de ce dernier avait trop satisfait la Chambre pour que le gouvernement ne cherchât pas à en tirer profit devant l'opinion publique. Le lendemain, le *Moniteur* contenait l'article suivant, dont une copie fut affichée sur les murs de la capitale, par ordre de la Préfecture de police :

Les plénipotentiaires envoyés près les souverains alliés sont revenus.

Les conférences commencées à Haguenau sont ajournées jusqu'à ce que le ministre d'Angleterre ait reçu des pouvoirs ; elles se reprendront à Paris, où les souverains alliés et leurs ministres ne tarderont pas à arriver.

Les souverains alliés, fidèles à leurs déclarations, annoncent les dispositions les plus libérales, et l'intention la plus prononcée de n'imposer à la France aucune forme de gouvernement, mais de la laisser parfaitement libre à cet égard. Les plénipotentiaires ont donné à ce sujet les assurances les plus positives.

Les plénipotentiaires ont trouvé dans tous les départements qu'ils ont parcourus, le meilleur esprit ; les habitants ont besoin d'être contenus plutôt qu'excités dans leur zèle. Le drapeau tricolore et la cocarde nationale sont partout arborés au milieu des armées ennemies.

Il y avait un peu loin de cette déclaration à la forme brutale de l'écrit donné par M. Capo d'Istria et ses deux collègues. Aussi l'affiche officielle trouvait de nombreux incrédules ; on se racontait, au milieu de la stupéfaction générale, qu'un courrier arrivé du quartier général ennemi, annonçait que les plénipotentiaires français n'avaient pu être admis en présence des souverains ; qu'ils avaient parlé à M. de Metternich et au comte de Nesselrode, et que ces deux ministres leur avaient répondu qu'il était impossible de reconnaître les délégués d'un pouvoir méconnu de toute l'Europe; que les Chambres n'existant qu'en vertu d'une Constitution donnée par Napoléon, elles n'avaient pu survivre sans le pouvoir qui les avait instituées.

D'un autre côté, on disait aussi que le ministre français Otto [1] n'avait pas été plus heureux dans sa mission en Angleterre. Le gouvernement britannique, conséquent dans ses

---

[1] Le comte Otto de Mosloy, ministre d'Etat, grand-officier de la Légion d'honneur, né à Strasbourg en 1753 ; élève de Koch à l'Université de cette ville ; entra dans la diplomatie dès l'année 1777. C'est lui qui avait négocié le second mariage de Napoléon.

principes, avait refusé d'écouter ses propositions. Il avait même dû rester à Boulogne.

Ces tristes nouvelles étaient exploitées par tous les mécontents. Les alliés avaient même fait afficher dans tout le pays envahi la triste issue des négociations de Haguenau. Aussi Fouché, profitant habilement de l'incertitude où toutes ces dépêches contradictoires mettaient les citoyens, s'affermit de plus en plus, grâce à l'indolence de ses collègues. Sûr de la discrétion des plénipotentiaires de Haguenau, honteux du rôle qu'ils avaient joué, il continua à traiter tout seul du salut de la France avec le général Wellington. Il parvint à décider qu'une seconde bataille ne serait pas livrée sous les murs de Paris, et un armistice était signé à Saint-Cloud.

Le même jour de son entrevue à Neuilly avec le généralissime anglais, et peu d'heures après que l'on annonçait aux Parisiens les dispositions des hautes puissances alliées, le 6 juillet, entre 4 et 5 heures du soir, les troupes anglaises, hanovriennes et la légion allemande au service de l'Angleterre, occupaient les barrières.

L'armée française quittait en même temps Paris pour camper sous Longjumeau, puis aller le lendemain à Etampes et arriver le 10 à Orléans, lieu de sa destination.

Arthur Benoit.

(Extrait de la *Revue d'Alsace*)

Mulhouse. — Imprimerie Veuve Bader & Cie.